AF552489

आदत है हमको

युवान बुक्स

अनबाउंड स्क्रिप्ट का उपक्रम

आदत है हमको

प्रथम संस्करण : दिसम्बर, 2025

ISBN : 978-93-47125-27-0

प्रकाशक : अनबाउंड स्क्रिप्ट
2/41, अंसारी रोड,
दरियागंज, दिल्ली-110002
वेबसाइट : www.unboundscript.com
ई-मेल : books@unboundscript.com
फोन : 011- 35807601

AADAT HAI HUMKO
by Gopal Datt

मुद्रक : एच. टी. मीडिया लि., ग्रेटर नोएडा, उत्तर प्रदेश

मूल्य : ₹ 249/-

गोपाल दत्त

आदत है हमको

भूमिका

सबसे आसान होता है किसी और के लिए लिखना और उससे भी आसान होता है तब लिखना जब समय बहुत कम हो और डेडलाइन बिल्कुल माथे पर आ लगी हो।

व्यवसायिक रूप से लिखने वाला कोई भी लेखक मेरी इस बात से सहमत होगा। विचार किसी और के, भावनाएँ किसी और की और सबसे बड़ी बात ज़िम्मेदारी भी किसी और की, और उस पर समय कम हो तो लिखवाने वाले का अप्रूवल भी फटाफट मिल जाता है और पैसा भी।

लेकिन सबसे कठिन होता है अपने आप के लिए लिखना (हालाँकि ये बात कई बड़े-बड़े कलाकार अपने अपने तरीक़े से अपनी अपनी कला के संदर्भ में कह चुके हैं, पर क्योंकि अपने लिए लिखने में मैंने ये बात इतनी ज़ोर से महसूस की है कि इसका ज़िक्र करना ज़रूरी समझा) हाँ अपने लिए लिखना जहाँ विचार भी अपने हैं, भावनाएँ भी अपनी, ज़िम्मेदारी भी

अपनी, पैसे और डेडलाइन का कोई सवाल ही नहीं तो समय भी अपना, इस सब की सुविधा और आसानी तो है पर जो सबसे बड़ी कठिनाई है वो है अपना अप्रूवल, अपनी सहमति, इस बात पर पक्का हो जाना कि जो मैं महसूस करता हूँ वो इन शब्दों में बाँधा जा चुका है पूरी तरह से, या अब इसमें एक भी शब्द जोड़ा या घटाया नहीं जा सकता, अब ये रचना पूरी हो चुकी है, अब ये बाहर दुनिया में जाने को तैयार हो चुकी है।

हो चुकी है क्या???

इसी कठिनाई से जूझते हुए कुछ कविताएँ और कुछ गीत...

गोपाल दत्त

अनुक्रम

नया साल	13
नया साल- 2	15
सुख की छटपटाहट	16
प्रेमियों का इतिहास	18
जिन लड़कियों को मैं जानता हूँ	21
गणित	26
अंत पर	28
एक बड़े शहर का स्क्रीन प्ले	32
कैसा होता होगा ईश्वर	35
पेड़ जब रोते हैं	38
ख़ाली जगहें	40
तोहफ़ा	42
तुम्हारे लौटने का दिन	44
बचा हुआ ईश्वर	45
माँ तुम घर थीं	48

मेरा और तुम्हारा प्रेम 50
मेरा और तुम्हारा प्रेम-2 51
लाल मैदान में सफ़ेद फूल 52
अपने जैसा 53

गीत

और करो थिएटर 56
सो जा तू सो जा 60
टुकड़ा-टुकड़ा ज़िंदगी 62
वहाँ है मेरा गाँव 64
गीली आँखें तेरी 66
आदत है हमको 68
राम रहीम की होली 70
कैसी हो प्रभु प्रार्थना 71
अँधेरा है बहुत 73
आज का गीत 75
डर है 76
हो सकता है 78
मिट्टी का खेला 80

जम गई है एक नदी दिल के अंदर दर्द की
बूँद एक आँसू की बन जा आँख से गिर तू
रब्बा रोशनी कर तू

कविताएँ

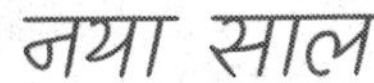

नया साल

इस नये साल में-
दिन दो सूरजों से रोशन हो
और रातों को चार चाँद लग जाएँ
सारी लड़कियों की मुस्कराहटों का एक फूल बने
और घर की खिड़की पर रखे उस गमले पर उग आए
जिस पर सुबह उठते ही, सबसे पहले नज़र पड़ती है
पैसे इतने हों कि न 'निन्नानवे का फेर' पड़े
और न 'छत्तीस का आँकड़ा' हो,
बिना मतलब की यात्राएँ हों,

काम की फ़िक्र उतनी ही हो
जितनी बिजली चले जाने के डर से
मोमबत्ती ख़रीदने की फ़िक्र होती है
कुछ नयी किताबें, कुछ नये खाने,
अपने ही बारे में कोई नयी बात पता चले,
ये तो स्वभाविक ही है

कुल मिलाकर बात ये है
कि ये नया साल-
उम्मीद से अच्छा गुज़रे।

■

नया साल- 2

इस नये साल में,
रोज़ सुबह सूरज,
सिर्फ़ तुम्हारे लिए
धूप के साथ,
थोड़ा-सा सोना लेकर आए
और उस फूल पर छिड़क दे
जिसे तुम सुबह उठकर,
सबसे पहले देखती हो
फिर उस फूल के सुनहरे पराग कण
हल्के-से तुम्हारी पलकों पर लग जाएँ
यूँ धूप का बनाया हुआ सोना
तुम्हारे देखने में शामिल हो जाए
और तुम जितनी भी दुनिया देखो,
सारी की सारी सुनहरी हो जाए।

■

सुख की छटपटाहट

जब आप गहरे प्रेम में डूब रहे होते हैं
तब उस डूबने में भी एक छटपटाहट होती है-
सुख की छटपटाहट।
और उस छटपटाहट में भी आप
ईश्वर को याद करते हैं
पर माँगते कुछ नहीं

ऐसी प्रार्थनाओं की वजह से,
ऐसी निस्वार्थ प्रार्थनाओं की वजह से,
बारिश होती है।

■

प्रेमियों का इतिहास

प्रेमियों का इतिहास
राजा नहीं बचाते
इतिहासकार नहीं लिखते उनके बारे में
मोटी-मोटी किताबें,
पुरातत्व विभाग ने कभी नहीं खोदी-
किसी प्रेमी की क़ब्र

प्रेमियों का इतिहास कवि बचाते हैं
वो प्रेमियों के दुःख-दर्द में अपनी तकलीफ़ें मिलाते हैं
और उनसे गीत बनाते हैं
ऐसे गीत जो समाज को उस क्रूरता की याद दिलाते हैं
जो उन्होंने प्रेमियों के साथ की है
समाज रो पड़ता है उन गीतों को सुनकर,
थोड़ी देर के लिए बदल जाता है समाज
और फिर लौट जाता है,
अपने-अपने घरों में, दुकानों-बाज़ारों में,
उसी क्रूरता के साथ।

■

जिन लड़कियों को मैं जानता हूँ

मैं एक लड़की को जानता हूँ
जो एक कंपनी के लिए काम करती है, दिन-रात
और कंपनी का मालिक, सिगार के धुएँ के पीछे
अपनी कुर्सी पर बैठा रहता है दिन-रात
यूँ तो लड़की के पैरों और घड़ी की सुइयों के बीच
एक दौड़ है लगातार

पर फिर भी
समय के बहते रहने के नियम के विरुद्ध
एक पल, सब कुछ रोककर
लड़की अपने बाल खोल लेती है
अपने उस कोने में
जहाँ रात की अंधी और ठंडी हवा से टूटा हुआ टुकड़ा
दोपहर से लड़ते हुए,
अब भी उसका इंतज़ार कर रहा होता है
और जैसे ही ठंडी हवा का टुकड़ा
लड़की की देह को छूता है

उसके शरीर के हर हिस्से से
हज़ारों रंग की तितलियाँ निकलती हैं
और फैल जाना चाहतीं हैं
पूरी दुनिया में, दूर-दूर
पर उस कमरे से बाहर जाने का रास्ता
कंपनी के मालिक के सिगार के धुएँ से होकर जाता है
और रोज़ शाम ऑफ़िस बंद होने तक
हज़ारों तितलियों की लाशें
कागज़ की कतरन बनकर
कंपनी के मालिक के डस्टबिन में पड़ी होती हैं।

•••

मैं एक और लड़की को जानता हूँ
जिसकी हथेली पर एक चिड़िया है
बिलकुल उसके आँखों के रंग की चिड़िया
और वो उसे उड़ा देना चाहती है
दूर ऊपर आसमान में
पर उसके हिस्से का आसमान टूटा हुआ है
उसके और दूसरे आसमानों के बीच,
एक गहरी काली दरार है
लड़की जानती है कि उस काली दरार में
चिड़िया के पंख फँस जाएँगे
और वो वहीं दम तोड़ देगी
और लड़की ये भी जानती है कि बिना उड़े भी
चिड़िया धीरे-धीरे उसकी हथेली पर दम तोड़ रही है

इस दुविधा मे लड़की के हाथ पसीजते हैं
और चिड़िया पसीने की बूंदों में बदल जाती है
लड़की रूमाल से अपने हाथ पोछती है
और मरी हुई चिड़िया के निशान
रूमाल पर छप जाते हैं,
हमेशा के लिए।

•••

एक और लड़की है
जिसके हाथ, कभी नहीं पसीजते
जिसके शरीर में कोई तितली नहीं है
जिसके लिए आसमान- हवाई यात्रा का रास्ता भर है
और मैं उसे नहीं जानता
फिर भी न जाने क्यों
जब वो अपने बीते हुए का
लेखा जोखा-सा करती बैठती है,
उसकी शक्ल उन लड़कियों से मिलने लगती है-
जिन्हें मैं जानता हूँ।

■

गणित

ये कौन-सा गणित है
कि किसी के हिस्से में सिर्फ़ आँसू हैं
और किसी के हिस्से में सिर्फ़ मुस्कराहटें

ये कौन-सा गणित है
कि किसी के हिस्से में सिर्फ़ नरक है-
सड़ान्ध मारता नरक
और किसी के हिस्से में सिर्फ़ बाग़ीचे- फूल और ख़ुशबू

ये कौन-सा गणित है कि पूरा गेहूँ उगाने वाले मज़दूर को
आधी रोटी नसीब नहीं।

ये कौन-सा गणित है
कि पिता के जीवन में माँ से ज़्यादा सूरज है
और माँ के जीवन में पिता से ज़्यादा अँधेरा
क्यों किसी के आँगन में पूरा आसमान है
और क्यों किसी के आँगन में धूप का एक टुकड़ा तक नहीं

ये कौन-सा गणित है, जिसमें दुःख को घटाने के लिए
और दुःख जोड़ना पड़ता है

ये कौन-सा गणित है
जो बाँटता है ख़ुशियाँ, ख़ुशबू, सपने, सूरज
कहीं कोई ग़लती कर चुका है
इस गणित के गुणा-भाग में
अब हम, मैं और तुम
जो इस गणित की ग़लती को जान चुके हैं
हमें ही ढूँढने होंगे वे लोग
जो जाने-अनजाने में
इसी गणित के हिसाब से बाँट रहे हैं चीज़ें

हमें उन्हें ढूँढना होगा, अपने घरों में,
अपनी फ़ैक्ट्रियों में, अपने ऑफ़िसों में
और उनको झकझोर कर बताना होगा
कि ग़लत है- तुम्हारा गणित
ग़लत है- ये सारा हिसाब।

■

अंत पर

जब तुमने मुझसे कहा- तुम्हें मुझसे प्रेम है
मैंने बर्फ़ से ढके पहाड़ों पर, सुबह की पहली धूप को देखा
रात के छीने हुए रंग दुनिया को वापस लौटाती हुई-
सुनहरी चमकती धूप।
फिर जब तुमने मुझसे कहा- मैं एक घर में रहना चाहती हूँ,
मैंने मद्धम-सी आवाज़ में एक राग सुना

मुझे अच्छी तरह याद है
तुमने थोड़ी देर बाद कहा था-
मैं एक घर में रहना चाहती हूँ- तुम्हारे साथ
और उस राग के सारे सुर कोमल हो गये

फिर तुमने मेरा हाथ पकड़ा
और हम बचपन में सुनी हुई कहानियों के,
अंत के बाद जैसा जीने लगे-
जहाँ सब सुख से रहते हैं

उसके बाद के कुछ दिन मुझे याद नहीं
शायद सुख से बीते होंगे।

फिर एक दिन तुमने मुझसे कहा-
अब हमें अलग हो जाना चाहिए
और मैंने देखा कि मैं कहानी के अंत पर खड़ा हूँ
अंत के बाद का जिया जा चुका है,
और शुरुआत के लिए तुम नहीं हो।

■

एक बड़े शहर का स्क्रीन प्ले

एक बड़े शहर की शाम,
एक अमीर औरत- एक महँगा काँच का गिलास खरीदती है
और एक ग़रीब शायर- एक सस्ती शराब की बोतल
अमीर औरत को वो काँच का गिलास, अपने दोस्तों को दिखाना है
इसलिए वो अपने घर पर एक पार्टी रखती है

ग़रीब शायर के पास भी जाने के लिए और कोई जगह नहीं है
इसलिए वो भी शराब लेकर अपने घर आ चुका है

बड़े शहर की आधी रात,
अमीर औरत के घर की पार्टी उरूज पर है
सब मेहमान गिलास की तारीफ़ करने के बाद
अपने-अपने नशे में डूब चुके हैं

शायर भी सस्ती शराब के नशे में धुत हो चुका है
लेकिन अब वो अकेला नहीं है
उसे एक बीमारी है-
अपनी कल्पना में लोगों को देख लेने की बीमारी
और इसी बीमारी के चलते
वो देख पा रहा है,
अमीर औरत के घर की पार्टी

•••

पार्टी में अब एक उभरता हुआ गायक एक गीत गा रहा है-
ग़रीब शायर का लिखा हुआ गीत-
एक उदास गीत जिस पर नशे में धुत लोग मुस्कुरा के झूम रहे हैं
तभी अंत के ठीक पहले,
उभरता हुआ गायक गीत का एक शब्द बदल देता है
एक महत्त्वपूर्ण शब्द-

जहाँ उसे गाना चाहिए था- तेरे मेरे बीच में सब बाज़ार है
वो गा रहा है-
तेरे मेरे बीच में सब प्यार है
ये सुनकर ग़रीब शायर चीख़ पड़ता है
उसकी चीख़ से अमीर औरत का
काँच का गिलास टूट जाता है
और काँच का एक टुकड़ा-
अमीर औरत के हाथ की नस काट देता है
उसके हाथ से ख़ून बह रहा है
लेकिन पूरी पार्टी इतने नशे में इतनी डूब चुकी है
कि कोई उसकी ओर ध्यान नहीं देता

•••

बड़े शहर की अगली सुबह,
पुलिस ने ग़रीब शायर को,
अमीर औरत के ख़ून के इलज़ाम में गिरफ़्तार कर लिया है
पुलिस का कहना है-
वो चाहता तो रोक सकता था- अपनी कल्पना।

■

कैसा होता होगा ईश्वर

मैं ठीक-ठीक तो नहीं जानता, कैसा होता होगा ईश्वर
पर शायद किसी कहानीकार-जैसा होता होगा
अपने मुख्य पात्रों की कथा लिखने में व्यस्त,
हमें भूला हुआ-सा।
उसने लिखा होगा भीड़ और उसकी कलम के नीचे,
हम सब इकट्ठा हो गये होंगे
पर उस एक पल हम सब ने महसूस किया होगा
ईश्वर के हाथों अपना लिखा जाना
और उतना ही अंश, आस्था का
हमारे पास बचा रह गया होगा

मैं ठीक-ठीक तो नहीं जानता,
कैसी होती होगी आस्था
पर शायद किसी दुःख और पीड़ा से भरे दृश्य को देखते हुए,
सुखांत के पता होने जैसी होती होगी आस्था
या फिर शायद
दो महानायकों के युद्ध के बीच- चुपचाप
बिना विरोध का स्वर उठाये
मारे जाने जैसी होती होगी आस्था

मैं ठीक-ठीक तो नहीं जानता,
कैसे सुनता होगा ईश्वर हमारी प्रार्थनाएँ
पर शायद जब किसी एक दुःख पर बहाए हुए बहुत सारे आँसू,
सूखकर बादल बन जाते होंगे
और आसमान की नीली स्लेट पर लिखते होंगे कोई संकेत,
जिसे केवल ईश्वर पढ़ सकता है
और इसीलिए शायद मैं ठीक-ठीक नहीं जानता,
कैसा होता होगा ईश्वर

क्योंकि ईश्वर को नहीं जानने के दुःख में
अभी उतने आँसू बहाए नहीं गये हैं,
जितना की ख़ून।

■

मज़दूर

हम मज़दूर हैं
हमने ही रखी है तुम्हारे महलों,
तुम्हारे संसदों की नींव
और उन नींवों की ईंटों के नीचे
हमने अपने सपने भी रखे हैं

याद रखना अगर हमारे सपने टूट गए
तो फिर नींव की ईंटें भी टूट जाएँगी
और धड़धड़ा के गिर जाएँगे-
तुम्हारे महल और तुम्हारी संसदें।

■

पेड़ जब रोते हैं

इसी तरह चलता रहा, तो एक दिन
सारे पेड़ अपने काटे जाने की वजह पूछेंगे
और हमारे पास कहने को कुछ नहीं होगा
हम बस चुप रहेंगे

तब हमारी इस असहाय चुप्पी को देखकर
सारे पेड़ मिलकर ज़ार-ज़ार रोएँगे,
उनके आँसुओं से बाढ़ आ जाएगी
और बहा ले जाएगी गाँव के गाँव
और हम कहेंगे-
बारिश बहुत हो रही है इस साल

फिर पेड़ों के ये आँसू,
नदियों के रास्ते,
चीख़ते-चिल्लाते दहाड़ें मारते,
समंदर से जाकर मिलेंगे
और उसे सुनाएँगे अपनी व्यथा,
समंदर ग़ुस्से से काँप उठेगा
वो पेड़ों के आँसुओं की एक बड़ी-सी लहर बनाएगा
और अपने किनारे बसे,
एक बड़े महानगर के
उन घरों में घुस जाएगा-
जहाँ उन पेड़ों की लकड़ियों का फर्नीचर है।

■

ख़ाली जगहें

जब आप अपने हिस्से का रोना रो चुके होते हैं
तो आँख के भीतर वो जगह ख़ाली हो जाती है
जहाँ कभी आँसू रहा करते थे

पहले कुछ दिन आपको कुछ पता नहीं चलता
आप हर उस बात पर बेमानी-सा मुस्कुरा देते हैं-
जहाँ असल में आँख में आँसू होने थे

फिर धीरे-धीरे आँख के अंदर की ये ख़ाली जगह
बाहर के देखने में शामिल होने लगती है
और आप देख लेते हैं,
गहरे मज़बूत रिश्तों के बीच में-
ख़ाली जगहें

फिर ये ख़ाली जगह,
उन ख़ाली जगहों से गुणा होने लगती है
जो आपने कभी यूँ ही छोड़ दी थी
मसलन आप लिखना चाहते थे,
अपने नाम के साथ एक नाम
फिर कुछ सोचकर आपने वो जगह ख़ाली छोड़ दी

ये सब ख़ाली जगहें धीरे-धीरे आपको घेर लेती हैं

हालाँकि बाहर से देखने पर कुछ पता नहीं चलता
पर सिर्फ़ आप जानते हैं,
कितना कुछ ख़ाली हो जाता है
जब आप अपने हिस्से का रोना रो चुके होते हैं।

■

तोहफ़ा

जीवन के इस ख़ूबसूरत पड़ाव पर
मैं तुम्हें तोहफ़े में एक बाग़ीचा देना चाहता हूँ
ऐसा बाग़ीचा नहीं, जिसे देखने के लिए तुम्हें कहीं
दूर जाना पड़े
ऐसा, जो अपने फूलों, अपनी ख़ुशबू,

अपने रंग, अपनी तितलियों के साथ,
हमेशा तुम्हारे साथ रहे।
जिसमें सुख की हल्की गुनगुनी धूप हो,
जिसमें एक मौसम का शीत या ताप बढ़ने से पहले
दूसरा मौसम आ जाए,
जिसमें भौंरों का गीत और झींगुरों की लोरी हो,
दुःख का कोई बादल भूला-भटका सा आ भी जाए
तो उसके बरसने से पहले ही,
आसमान इंद्रधनुष का बड़ा-सा छाता खोल ले
और प्रेम जीवन में इतना हो
कि तुम्हारी प्रेम कहानी लिखने वाले लेखक के सफ़ेद पन्ने,
अपने आप गुलाबी हो जाएँ।

■

तुम्हारे लौटने का दिन

धरती सूरज के कितने चक्कर काट चुकी है
ब्रह्मांड के विस्तार की गति कितनी तेज़ हुई है
सबसे नज़दीक का तारा कितने प्रकाश वर्ष दूर जा चुका है
वातावरण का तापमान, कितने अंश बढ़ा है
इन सारे नीरस तथ्यों के बीच
इस दिन का आना,
ठीक वैसा ही है,
जैसे सर्द ठंडी रात के बाद,
धूप की आशा लेकर,
खुले आसमान वाले दिन का आना।

हमको पता है वो आएगा, उसे आना ही है
फिर भी उसके आने पर एक ख़ुशी होती है
बिलकुल उस गुनगुनी धूप जैसी- ख़ुशी।

■

बचा हुआ ईश्वर

शुरुआत में हम सबको बराबर मिला था ईश्वर
वो एक पूँजी की तरह था,
जिसे हमें बचाकर रखना था,
अपने सबसे कठिन समय के लिए।
पर हमने अपने, सबसे पहले डर
और सबसे छोटे लालच पर,
उसे खर्च कर दिया

अब बिना ईश्वर के
पूरा जीवन जीना है के डर से
हम रोने लगे,
चीख़ने-चिल्लाने लगे,
और डर से निकली इन चीख़ों को-
हमने प्रार्थना का नाम दिया

डर के अपने बहुत नुकसान हैं
पर एक फ़ायदा भी है
वो सारे डरे हुए लोगों को जोड़ता है
एक कर देता है

जब सारे डरे हुए लोग एक हो गए
तब कुछ चालाक लोगों ने,
इसमें व्यापार की अपार संभावना को सूँघ लिया

उन्होंने डरे हुए लोगों से कहा-
अब हम एक साथ रहेंगे,
एक जैसा खाएँगे,
एक जैसा पहनेंगे,
हम बड़ी बड़ी इमारतें बनाएँगे,
और वहाँ,
ईश्वर खर्च हो जाने के बाद,
कैसे जीना है की किताबें पढ़ेंगे

उन्होंने अपने रंग अपने देश
अपनी सेनाएँ तक बना लीं

अब उनकी प्रार्थनाएँ
चारों ओर गूँजती थीं
पर वो समझ नहीं पा रहे थे
कि ये गूँज उसी ख़ाली जगह की वजह से है
जो ईश्वर के खर्च हो जाने के बाद बची है

अब पूरी दुनिया पर उनका राज है
अब वो और किसी चीज़ से नहीं डरते
अब उन्हें सिर्फ़ उन लोगों से डर लगता है,
जिनके पास ईश्वर अभी भी बचा हुआ है।

■

माँ तुम घर थीं

माँ तुम घर थीं
बड़े शहर में रहते हुए,
जहाँ लौटने की इच्छा होती थी, बार-बार।

या फिर तुम घर के आस-पास वाला पेड़ थीं
ठीक दोपहर की झुलसती गर्मी के वक़्त,
आँगन में जिसकी छाया रहती थी

या फिर तुम त्यौहार के दिन पतंग उड़ाती हुई
एक छोटी-सी बच्ची थी
और हम पतंग,
जो हवाओं के साथ उड़ रहे थे
इधर-उधर न जाने किधर-किधर
पर इस भरोसे के साथ

कि एक दिन तुम डोर खींच लोगी
और हम वापस घर आ जाएँगे

पर तुम्हारे जाने के बाद
ये त्यौहार, ये घर, ये पेड़ सब ख़त्म हो गया है

माँ अबकी बार तुम सचमुच का पेड़ बनना
ताकि डोर टूटी हुई पतंगों,
रास्ता भटके हुए पंछी,
और दोपहर की धूप से झुलसते हुए लोगों को,
फिर से घर मिल सके।

■

मेरा और तुम्हारा प्रेम

मेरा और तुम्हारा प्रेम
एक खेल है- ताश के पत्तों का खेल।
बड़े बुज़ुर्गों की तमाम हिदायतों के बावजूद,
मैं अपना सब कुछ दाँव पर लगाकर इस खेल में उतरा हूँ
तुम्हें जिस आदमी के साथ पूरा जीवन बिताना है
उसे कैसा होना चाहिए के आगे
मेरी कुछ मजबूरियाँ हैं का मेरा पत्ता, बुरी तरह पिट चुका है

मैं पूरा जीवन ख़ुश रहना चाहती हूँ के आगे
मैं पूरी कोशिश करूँगा का पत्ता भी कुछ ख़ास टिक नहीं पाया है

और अब मैं इस खेल से उठ रहा हूँ
क्योंकि अब मेरे पास सिर्फ़ एक पत्ता बचा है-
मैं तुमसे बहुत प्रेम करता हूँ का पत्ता और इसे मैं हारना नहीं चाहता

और हाँ जो दाँव पर लगा है-
वो तो मैं हारूँ या जीतूँ, तुम्हारा ही है।

■

मेरा और तुम्हारा प्रेम- 2

मेरा और तुम्हारा प्रेम-
एक लोक कथा है
जो भी इसे सुनेगा,
आश्चर्य से उसकी आँखें चौड़ी हो जाएँगी
और फिर वो मुस्कुराकर कहेगा-
धत् ऐसा कहीं होता है!

■

लाल मैदान में सफ़ेद फूल

जैसे सब को नहीं आता
सादे काग़ज़ पर रच देना-
पूरा एक संसार
जैसे सबको नहीं आता-
संगीत
ठीक वैसे ही सबको नहीं होता-प्रेम।

प्रेम एक कला है,
जो अपना कलाकार ख़ुद चुनती है और फिर उसे देती है
असीम ताक़त,
बेतहाशा जुनून,
समाज और बाज़ार के खिलाफ़
अकेले खड़े होने के लिए
ताकि राजाओं और बादशाहों के ख़ून से सने,
लाल इतिहास के मैदानों में
वह हमेशा चमकते रहें-
एक सफ़ेद फूल की तरह।

■

अपने जैसा

सब जग देखा, सब जग ढूँढा
खोजा सब संसार,
अपने जैसा एक मिला है-
वो भी शीशे पार।

■

गीत

और करो थिएटर

तीस साल की उमर हो गई
टूटी-टूटी कमर हो गई
ना नौकरी, ना छोकरी
ना गाड़ी, ना घर
और करो थिएटर

ऑडियंस की ताली होगी
लेकिन घर में गाली होगी
घर जाएगा बेटा फिर से,
फटी जेब लेकर
और करो थिएटर

अख़बारों में नाम आयेगा
बाद में फिर वो काम आएगा
उसकी पुड़िया बना के,
उसमें लाएगा शक्कर
और करो थिएटर

जो सब करते हैं तू भी करेगा
to be or not to be करेगा
शेक्सपियर के हेमलेट जैसा
एक दिन जाएगा मर
और करो थिएटर

but but but
लेकिन
बैंक बैलेंस चाहे ज़ीरो होगा
लेकिन फिर भी तू हीरो होगा
दुनिया को और ख़ुद को,
थोड़ा समझेगा बेहतर
इसलिए करो थिएटर

■

सो जा तू सो जा

सो जा तू सो जा,
नींद की परियाँ
पलकों पे झूला डाल चुकी हैं
सो जा तू सो जा

रात अंधियारी ये
चाँद की खिड़की खोल चुकी है
सो जा तू सो जा

माथे की रेखाएँ,
दिन की परेशानी भूल चुकी हैं
सो जा तू सो जा

रात की रानी ने इत्तर की डिबिया को
खोला है चुपके से,
सपने भी आँखों में रंग लेके उतरे हैं,
दिन भर जो दुबके थे
झींगुर की टोली का सुन के तराना
सो जा तू सो जा

■

टुकड़ा-टुकड़ा ज़िंदगी

अंधेरे में ढूँढते हैं
टुकड़ा-टुकड़ा ज़िंदगी
साँसों से छू के देखा
अपनी है कि अजनबी
अंधेरे में ढूँढते हैं
टुकड़ा-टुकड़ा ज़िंदगी

एक कतरा आँसू का
या चमकती एक ख़ुशी
हाथ जाने क्या लगेगा
जानता कोई नहीं
अँधेरे में ढूँढते हैं
टुकड़ा-टुकड़ा ज़िन्दगी

एक टुकड़ा मेरे हिस्से का
दर्द में डूबा हुआ
एक टुकड़ा मुस्कुरा कर
पूछता है क्या हुआ
एक टुकड़ा चुप्पी साधे
मेरे हाथों ही मौत माँगे
ऐसे कितने टुकड़े सी कर
जैसे तैसे मर के जी कर
चल रही है ज़िंदगी
अंधेरे में ढूँढते हैं...

■

वहाँ है मेरा गाँव

बर्फ़ीले पर्वत के पीछे,
सपनीले रस्तों से हो के
दूर वहाँ है, वहाँ है
वहाँ है- मेरा गाँव

जहाँ सब सपने हैं,
जहाँ सब अपने हैं,
जहाँ धूप का रंग चमकीला,
जहाँ सतरंगी पेड़ों की छाँव,

दूर वहाँ है, वहाँ है
वहाँ है- मेरा गाँव

जहाँ सब यादें हैं,
जहाँ सब क़िस्से हैं,
जहाँ बचपन के छूटे हुए-
सब हिस्से हैं,
जहाँ झिलमिल झिलमिल-सी नदी में
बहती है काग़ज़ की नाव

दूर वहाँ है, वहाँ है
वहाँ है- मेरा गाँव

■

गीली आँखें तेरी

गीली आँखें तेरी,
बारिशें हैं मेरी,
खिलखिलाती हँसी
हँसी धूप है-
सारे मौसम मेरे
तेरे बनते बिगड़ते हुए रूप हैं
गीली आँखें तेरी ...

तेरे मन की उदासी से बादल बनें,
तेरी ख़ामोशी से फ़ाहे बर्फ़ के,
तेरी मुस्कान से गुनगुनी धूप हो,
तू जो रूठे तो पत्ते गिरें ज़र्द-से,
तेरी ख़ुशियों से रातों में चाँदी गिरे ,
तू जो झूमे तो हवा चले सरसरी,
गीली आँखें तेरी...

■

आदत है हमको

आदत है हमको
जैसे हैं, वैसे ही होने की
आदत है हमको
चादर से बाहर रख कर पाँव सोने की
आदत है हमको

सूरज ग़र न निकले
दिन में भी अंधेरा हो
अंधेरे में जी लेने की

च च च च - च च च च

चाय में घोल के ग़म पीने की
आदत है हमको

अच्छा बुरा कुछ भी नहीं
जो सब कह दें वही सही
ग़लत को सही सुन लेने की

च च च च-च च च च

अखबारों से चुन लेने की
आदत है हमको

पाँव का जूता काटे तो
आँख में आँसू ना आए
दिल चाहे छलनी-छलनी हो
होठ हमेशा मुस्काए
आँसू को रूमाल में रखकर

च च च च-च च च च

फिर रूमाल को खो देने की
आदत है हमको

■

राम रहीम की होली

राम रहीम की ऐसी हो होली
सब रंग मिल कर बने रंगोली
राम रहीम ...

खुसरो के महबूब के घर, रंग है
कान्हा बिरज में राधा के संग है
खुसरो का गीत और कान्हा की बाँसुरी
सब घुल जाए- जात-पात, रंग-रूप
भेद भाव बोली
राम रहीम ...

केसरिया में रंग हरा हो,
शिरकत सब रंगों की ज़रा हो,
इंद्रधनुष के रंग बनाओ,
सब बिसरा दो,
ऊँच-नीच, भूलचूक
हो ली जो हो ली
राम रहीम...

■

कैसी हो प्रभु प्रार्थना

कैसी हो प्रभु प्रार्थना
जिसका हो तुम पर असर

कौन से वो शब्द हों
कैसी हो आवाज़ वो
कौन-सी वो पीर हो कि
एक आँसू आपकी भी आँख में आए उतर
कैसी हो प्रभु प्रार्थना
जिसका हो तुम पर असर

और कितना ज़ुल्म हो
और कितना ख़ूँ बहे
और कितना आदमी से, आदमी डरता रहे
और कितनी नफ़रतें हों
और कितना हो ज़हर
कैसी हो प्रभु प्रार्थना
जिसका हो तुम पर असर

नफ़रतों से टूटे दिल को
तुम दया से जोड़ दो
एक बादल में दिखो
या एक तारा तोड़ दो
एक इशारा दो प्रभु कि
जी सकें हो कर निडर
कैसी हो प्रभु प्रार्थना
जिसका हो तुम पर असर

■

अँधेरा है बहुत

अँधेरा है बहुत रब्बा रोशनी कर तू
रब्बा रोशनी कर तू

जम गई है एक नदी दिल के अंदर दर्द की
बूंद एक आँसू की बन जा आँख से गिर तू
रब्बा रोशनी कर तू

रास्ते सब गुम हुए
अपने सब, हम-तुम हुए
हाथ को सूझे न हाथ
तेरे सिवा रब्बा कौन साथ
आसमाँ का तारा बन
टूटकर गिर तू

रब्बा रोशनी कर तू

ज़ुल्म की सारी हदें
अब पुरानी हो गईं
हँसने की सारी वजहें
अपना रोना रो गईं
फिर कोई सूली बना
ज़हर का प्याला मँगा
रहम की बाती जला
आदमी के हाथ से
आके फिर मर तू

रब्बा रोशनी कर तू

■

आज का गीत

कैसा हो आज का गीत, कैसा हो
फूलों की ख़ुशबू की बातें हों झूठी-सी
या जैसा बीता है वैसा का वैसा हो
कैसा हो...

थोड़ी-सी हो मजबूरी,
थोड़ी-सी फ़िक्र हो
पर जो मुस्कुराहटें थीं,
उनका भी ज़िक्र हो
दोस्तों की चर्चा हो,
दिन भर का ख़र्चा हो
आने की उम्मीद में जिसको गिन के बैठे हैं
सारे हिसाब में शामिल वो पैसा हो

कैसा हो आज का गीत कैसा हो

■

डर है

डर है... डर है
चारों तरफ़ फैला हुआ
जंगल नहीं है,
शहर है।
डर है... डर है

बंद हैं जो दरवाज़े,
दबी हुई हैं जो आवाज़ें,
उन दरवाज़ों के खुलने का,
उन आवाज़ों के सुनने का।
डर है... डर है

और बचने को एक छोटा-सा घोसले-सा, घर है
डर है... डर है

■

हो सकता है

हो सकता है तेरे लिए जो प्यार हो,
मेरे लिए सब बेकार हो

जो बेचते हैं- प्यार में फुर्सत के दिन,
जो बेचते हैं- ख़्वाबों को नींदों के बिन,
जो बेचते हैं- आईने दिल के,
झरोखे आँख के,
दुकानें जिनकी शहर में सबसे बड़ी
हो सकता है ये सब उन्हीं का-
इश्तिहार हो
हो सकता है तेरे लिए जो प्यार हो

ये क़िस्से लैला मजनूँ के,
रांझे और फ़रहाद के,
ये सब उन्हीं की कहानियाँ-

जो इश्क़ में बर्बाद थे
जो बेचते हैं, ये कहानियाँ
गुलाबी रंग की निशानियाँ
हो सकता है ये सब उन्हीं का
कारोबार हो

हो सकता है तेरे लिए जो प्यार हो,
मेरे लिए सब बेकार हो।

■

मिट्टी का खेला

मिट्टी मिट्टी मिट्टी मिट्टी
सब मिट्टी का खेला है
छोटी-सी एक कुटिया किसी की
किसी का महल दुमहला है
किसी की आलीशान हवेली
क़िला दूर तक फैला है
पर वक़्त के चश्मे से गर देखो
बस मिट्टी का ढेला है
मिट्टी मिट्टी मिट्टी मिट्टी
सब मिट्टी का खेला है
मिट्टी ने ये खेल रचाया
मिट्टी ने मिट्टी को बनाया
अलग-अलग रंगों में रंग के
देखो कैसा नाच नचाया
मिट्टी के हम पुतलों का
ये दुनिया एक मेला है
मिट्टी मिट्टी मिट्टी मिट्टी
सब मिट्टी का खेला है

■